Eres
polvo
de estrellas

Elin Kelsey

Arte de Soyeon Kim

loqueleo

Eres polvo de estrellas.

Hasta el más pequeño de los átomos cue forman tu cuerpo vino de una estrella que explotó mucho antes de que nacieras.

Comenzaste tu vida
como una sola célula,
igual que todos los organismos vivos
que hay en el planeta Tierra.

Como si fueras un pez
que habitara el fondo del mar,
tu hogar fue el agua salada.
Nadaste en el pequeño mar
en el vientre de tu madre.

La sal aún fluye por tus venas,
tu sudor, tus lágrimas.
El mar que existe en el interior
de tu cuerpo es tan salado
como el océano.

El agua que llena tu vaso
alguna vez llenó los charcos
donde bebían los dinosaurios.

Del mar al cielo
y de nuevo a la tierra,
durante millones de años,
la misma agua
ha saciado nuestra sed.

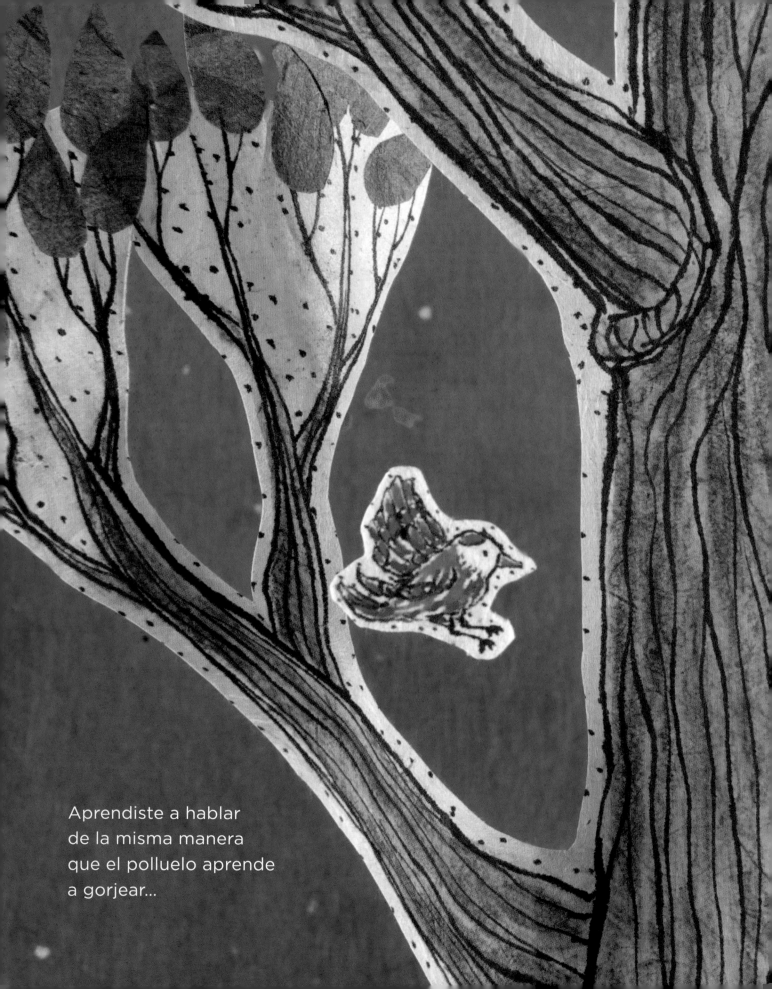

Aprendiste a hablar
de la misma manera
que el polluelo aprende
a gorjear...

... platicando con tus papás:
"ima, ma, ma!",
"ipii, pii, pii!".

Guarda silencio.
Escucha.

La Tierra respira,
igual que tú.

Tu aliento está lleno
de la promesa de las flores.
Cada vez que soplas un beso,
dispersas polen que puede
convertirse en una planta
que crecerá.

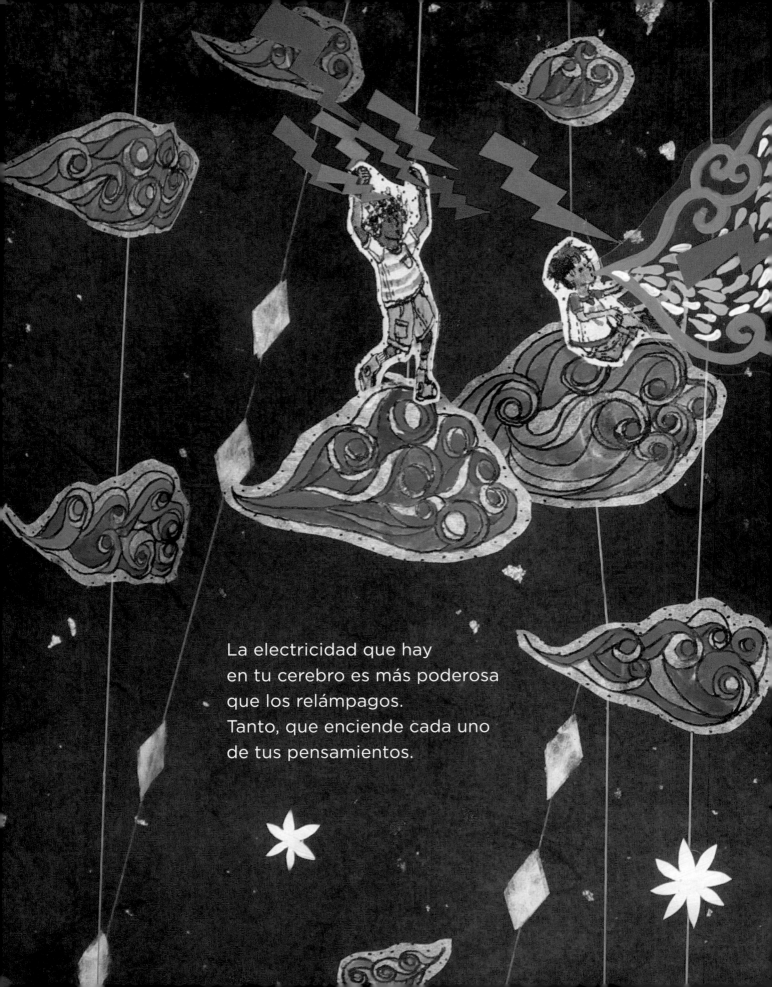

La electricidad que hay
en tu cerebro es más poderosa
que los relámpagos.
Tanto, que enciende cada uno
de tus pensamientos.

Estornudas con la fuerza de un tornado
El aire que sale disparado por tu nariz
es más veloz que la carrera de un chita.

Creces durante la noche,
cuando tus huesos descansan
igual que las ovejas
que cuentas para dormir.

Y puede que crezcas
y te hagas más alto
en primavera y en verano,
igual que las plantas del jardín.

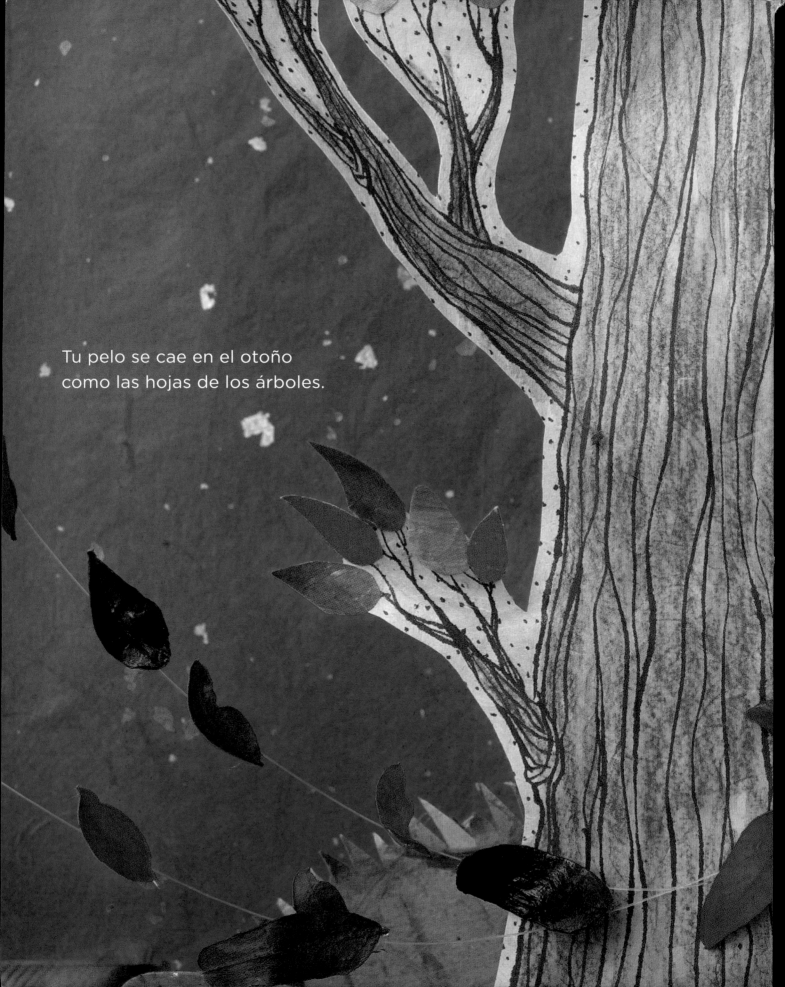

Tu pelo se cae en el otoño
como las hojas de los árboles.

La mayor parte se te cae en otoño
y crece más grueso a la mitad del invierno.

Tu cuerpo cambia constantemente.
Cada tres días las células de tu estómago
se regeneran.
Para cuando cumplas diez años,
habrás reemplazado tu piel
unas cien veces.

Así como en el bosque, donde árboles nuevos
toman el lugar de los árboles viejos...

Tu esqueleto entero
se renovará varias veces
a lo largo de tu vida.

Si fueras un planeta,
serías como la Tierra.
Los bosques lluviosos
y las algas de los mares
son los pulmones
del planeta.

Desde los dedos de tus pies
hasta las puntas de tu pelo,
por dentro y por fuera,
miles de millones de microorganismos
habitan el planeta Tú.

Así como tú sabes ser un buen amigo,
algunos animales también saben serlo.
Los murciélagos y los cachalotes traen
a sus amigos para cuidar a sus bebés.
Los elefantes son amigos de por vida.

Tú, yo y los pájaros que vuelan
sobre las selvas.
Todos estamos conectados.
Todos somos naturaleza

Todos somos
polvo de estrellas.

Echa un vistazo a los dioramas
de *Eres polvo de estrellas*
en compañía de la artista Soyeon Kim.

Si te acercas y te fijas bien, verás que los
diamantes pequeñitos de polvo estelar que
aparecen aquí, también aparecen en los otros
seis dioramas ¡como las estrellas en el cielo!

Usé aguja e hilo para mostrar cómo crecen las cosas. ¡Al principio, bordo cada huevo o célula completamente y, conforme crece, se sale de sus costuras!

Yo misma escogí cada una de estas flores de mi jardín y las puse a secar. Me encanta que conserven sus colores brillantes. Utilicé un papel japonés especial para la parte de atrás de todos los dioramas. Este papel está hecho de pequeñas fibras vegetales.

Observa cómo los colores de las hojas cambian de un árbol a otro. El primero está en otoño; el segundo, en primavera, y el último, en verano.

Aquí logré imitar la lana de las ovejas con capas de papeles con diferentes texturas, una encima de otra. Por eso las ovejas se ven suaves y esponjadas.

Cuando las ballenas nadan en el mar parece que vuelan a través del cielo azul. En este diorama, la ballena tiene la oportunidad de "volar por el cielo" en compañía de otros animales.

Usé papel de acetato, que es un tipo de papel de plástico transparente, para hacer el vaso de vidrio. El agua la hice tiñendo papeles de color azul y púrpura; los corté en tiras delgadas y los ricé; esto hace que parezcan olas en movimiento.

loqueleo

ERES POLVO DE ESTRELLAS

Título original: *You Are Stardust*
D.R. © del texto: Elin Kelsey, 2012
D.R. © de las ilustraciones: Soyeon Kim, 2012
Publicado en español con el permiso de Owlkids Books Inc., Toronto, Ontario, Canadá.
D.R. © de la traducción: Verónica Murguía, 2015

D.R. © Editorial Santillana, S.A. de C.V., 2015
        Av. Río Mixcoac 274, piso 4
        Col. Acacias, México, D.F., 03240

Primera edición: noviembre de 2015
Primera reimpresión: junio de 2016

ISBN: 978-607-01-2885-1

Impreso en México

Esta obra se terminó de imprimir en julio de 2016
en los talleres de Editorial Impresora Apolo, S.A. de C.V.
Centeno 150-6, Col. Granjas Esmeralda. C.P. 09810, México, D.F.

www.loqueleo.santillana.com

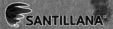